בית ספר - koulu 2
נסיעה - matka 5
תחבורה - kuljetus 8
עיר - kaupunki 10
נוף - maisema 14
מסעדה - ravintola 17
סופרמרקט - supermarketti 20
שתיות - juomat 22
אוכל - ruoka 23
חווה - maatila 27
בית - talo 31
סלון - olohuone 33
מטבח - keittiö 35
חדר אמבטיה - kylpyhuone 38
חדר ילדים - lastenhuone 42
בגדים - vaatteet 44
משרד - toimisto 49
כלכלה - talous 51
מקצועות - ammatit 53
כלי עבודה - työkalut 56
כלי נגינה - soittimet 57
גן חיות - eläintarha 59
ספורט - urheilu 62
פעילויות - aktiviteetit 63
משפחה - perhe 67
גוף - vartalo 68
בית חולים - sairaala 72
חירום - hätätilanne 76
כדור הארץ - maa 77
שעון - kello 79
שבוע - viikko 80
שנה - vuosi 81
צורות - muodot 83
צבעים - värit 84
הפכים - vastakohdat 85
מספרים - numerot 88
שפות - kielet 90
מי / מה / איך - kuka / mitä / miten 91
איפה - missä 92

Impressum
Verlag: BABADADA GmbH, Nedderfeld 112 , 22529 Hamburg
Geschäftsführer / Verlagsleitung: Harald Hof
Druck: Books on Demand GmbH, In de Tarpen 42, 22848 Norderstedt

Imprint
Publisher: BABADADA GmbH, Nedderfeld 112 , 22529 Hamburg, Germany
Managing Director / Publishing direction: Harald Hof
Print: Books on Demand GmbH, In de Tarpen 42, 22848 Norderstedt

1

בית ספר
koulu

כיתה
luokkahuone
חילק
jakaa
186/2
לוח
taulu
koulunpiha
מורה
opettaja
נייר
paperi
כתב
kirjoittaa
עט
kynä
שולחן עבודה
kirjoituspöytä
סרגל
viivoitin
ספר
kirja
תלמיד
oppilas

ילקוט
reppu

קלמר
penaali

עיפרון
lyijykynä

מחדד
kynänteroitin

גומי מחיקה
pyyhekumi

חוברת סרטוט
piirustuslehtiö

2 בית ספר - koulu

סרטוט

piirustus

מברשת

pensseli

קופסת צבעים

vesivärit

מספריים

sakset

דבק

liima

ספר תרגול

harjoituskirja

שיעור בית

kotitehtävä

12

מספר

luku

2+2

חיבר

lisätä

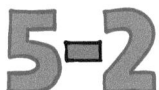

5-2

חיסר

vähentää

2×2

הכפיל

kertoa

חישב

laskea

A

אות

kirjain

ABCDEFG HIJKLMN OPQRSTU VWXYZ

אלפבית

aakkoset

hello

מילה

sana

טקסט

teksti

קרא

lukea

גיר

liitu

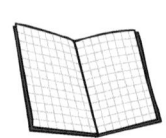

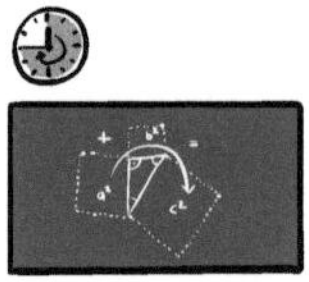

שיעור

oppitunti

יומן נוכחות

opettajan muistikirja

מבחן

koe

תעודה

todistus

תלבושת בית ספר

koulupuku

חינוך

koulutus

אנציקלופדיה

sanakirja

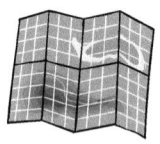

אוניברסיטה

yliopisto

מיקרוסקופ

mikroskooppi

מפה

kartta

סל נייר

roskakori

נסיעה
matka

מלון
hotelli
Grand
הוסטל
retkeilymaja
ROOMS
המרת מטבע
rahanvaihto
מזוודה
matkalaukku
אוטו
auto

שפה
kieli

כן / לא
kyllä / ei

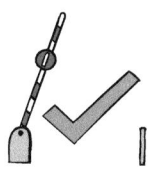

בסדר
selvä

שלום
hei

מתרגם
tulkki

תודה
kiitos

כמה עולה…..?

Paljonko...maksaa?

אני לא מבין

en ymmärrä

בעיה

ongelma

ערב טוב!

Hyvää iltaa!

בוקר טוב!

Hyvää huomenta!

לילה טוב!

Hyvää yötä!

להתראות

näkemiin

כיוון

suunta

כבודה

matkatavarat

תיק

laukku

תרמיל גב

reppu

אורח

vieras

חדר

huone

שק שינה

makuupussi

אוהל

teltta

מרכז מידע לתיירים

turisti-info

חוף ים

ranta

כרטיס אשראי

luottokortti

ארוחת בוקר

aamupala

ארוחת צהריים

lounas

ארוחת ערב

päivällinen

כרטיס

matkalippu

מעלית

hissi

בול

postimerkki

גבול

raja

מכס

tulli

שגרירות

suurlähetystö

אשרה

viisumi

דרכון

passi

תחבורה

kuljetus

מטוס
lentokone
אונייה
laiva
כבאית
paloauto
אוטובוס
linja-auto
משאית
kuorma-auto
סירת מנוע
moottorivene
אופניים
polkupyörä
אוטו
auto

מעבורת
lautta

סירה
vene

אופנוע
moottoripyörä

ניידת משטרה
poliisiauto

מכונית מרוץ
kilpa-auto

רכב שכור
vuokra-auto

מכוניות בשיתוף

car sharing

אוטו גרר

hinausauto

משאית זבל

roska-auto

מנוע

moottori

דלק

polttoaine

תחנת דלק

huoltoasema

תמרור

liikennemerkki

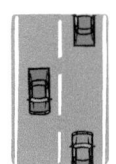

תנועה

liikenne

פקק תנועה

ruuhka

חניה

parkkipaikka

תחנת רכבת

rautatieasema

פסי רכבת

raiteet

רכבת

juna

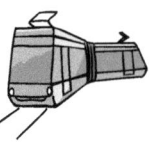

רכבת קלה

raitiovaunu

קרון

vaunu

מסוק

helikopteri

שדה-תעופה

lentokenttä

מגדל

lähilennonjohto

נוסע

matkustaja

קונטיינר

kontti

קרטון

pahvilaatikko

עגלה

kärryt

סל

kori

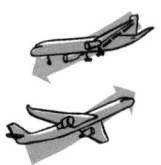

המראה / נחיתה

nousta / laskea

עיר
kaupunki

כפר

kylä

מרכז העיר

keskusta

בית

talo

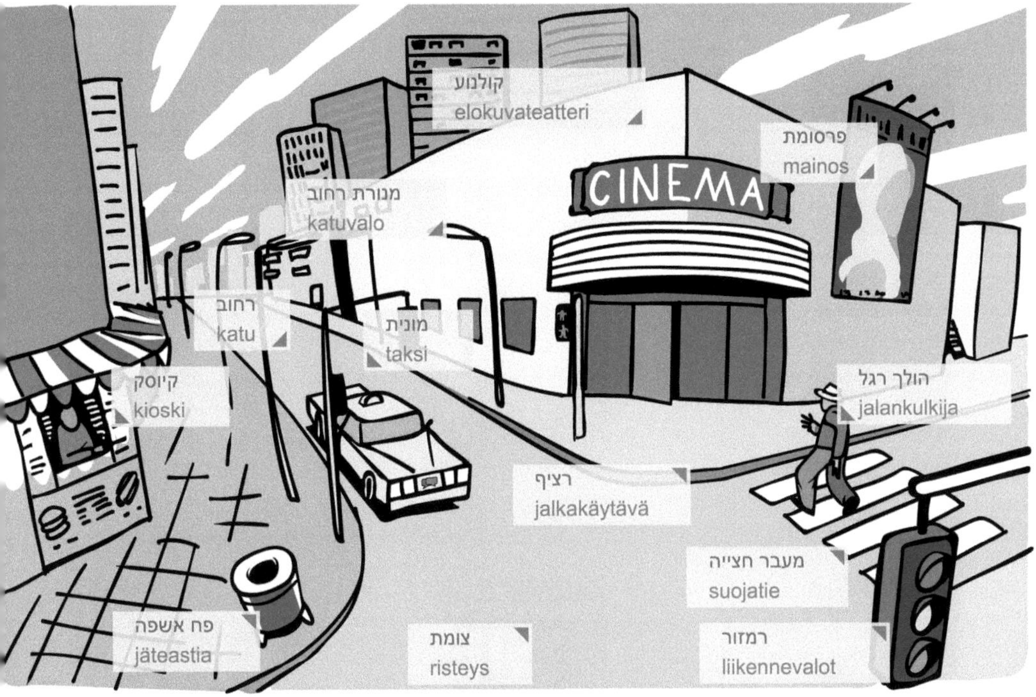

CINEMA
קולנוע
elokuvateatteri
פרסומת
mainos
מנורת רחוב
katuvalo
רחוב
katu
מונית
taksi
קיוסק
kioski
הולך רגל
jalankulkija
רציף
jalkakäytävä
מעבר חצייה
suojatie
פח אשפה
jäteastia
צומת
risteys
רמזור
liikennevalot

בקתה

mökki

דירה

kerrostalo

תחנת רכבת

rautatieasema

עירייה

kaupungintalo

מוזיאון

museo

בית ספר

koulu

אוניברסיטה

yliopisto

בנק

pankki

בית חולים

sairaala

מלון

hotelli

בית מרקחת

apteekki

משרד

toimisto

חנות ספרים

kirjakauppa

חנות

liike

חנות פרחים

kukkakauppa

סופרמרקט

supermarketti

שוק

tori

כל-בו

tavaratalo

מוכר דגים

kalakauppias

קניון

ostoskeskus

נמל

satama

פארק

puisto

ספסל

penkki

גשר

silta

מדרגות

portaat

רכבת תחתית

metro

מנהרה

tunneli

תחנת אוטובוס

linja-autopysäkki

בר

baari

מסעדה

ravintola

תא דואר

postilaatikko

שלט רחוב

katukyltti

מדחן

parkkimittari

גן חיות

eläintarha

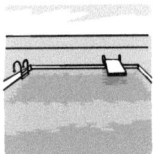

בריכת שחיה

uimala

מסגד

moskeija

חווה

maatila

זיהום

ympäristön saastuminen

בית עלמין

hautausmaa

כנסייה

kirkko

מגרש משחקים

leikkikenttä

בית מקדש

temppeli

נוף

maisema

עלה
lehti

תמרור
tienviitta

דרך
tie

מרעה
niitty

אבן
kivi

מטייל
retkeilijä

עץ
puu

נהר
joki

דשא
ruoho

פרח
kukka

בקעה

laakso

הר

vuori

אגם

järvi

יער

metsä

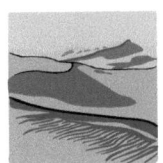

מדבר

aavikko

הר געש

tulivuori

טירה

linna

קשת בענן

sateenkaari

פטריה

sieni

דקל

palmu

יתוש

hyttynen

זבוב

kärpänen

נמלה

muurahainen

דבורה

mehiläinen

עכביש

hämähäkki

חיפושית

kovakuoriainen

צפרדע

sammakko

סנאי

orava

קיפוד

siili

ארנב

jänis

ינשוף

pöllö

ציפור

lintu

ברבור

joutsen

חזיר בר

villisika

צבי

peura

אייל הקורא

hirvi

סכר

pato

טורבינת רוח

tuulimylly

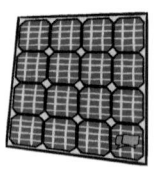

פנל סולארי

aurinkopaneeli

אקלים

ilmasto

מלצר
tarjoilija

תפריט
ruokalista

כסא
tuoli

מרק
keitto

פיצה
pitsa

סכו"ם
ruokailuvälineet

מפת שולחן
pöytäliina

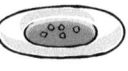

מנת פתיחה

alkuruoka

מנה עיקרית

pääruoka

קינוח

jälkiruoka

שתיות

juomat

אוכל

ruoka

בקבוק

pullo

מזון מהיר

pikaruoka

אוכל רחוב

katuruoka

קנקן תה

teekannu

מסכרת

sokeriastia

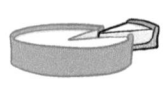

מנה

annos

מכונת אספרסו

espressokeitin

כסא תינוק

syöttötuoli

חשבון

lasku

מגש

tarjotin

סכין

veitsi

מזלג

haarukka

כף

lusikka

כפית

teelusikka

מפית

servietti

כוס

lasi

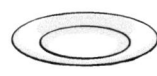

צלחת

lautanen

קערת מרק

syvä lautanen

תחתית

aluslautanen

רוטב

kastike

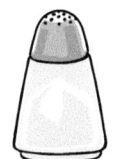

מלחייה

suolasirotin

מטחנת פלפל

pippurimylly

חומץ

etikka

שמן

öljy

תבלינים

mausteet

קטשופ

ketsuppi

חרדל

sinappi

מיונז

majoneesi

סופרמרקט
supermarketti

מבצע
tarjous
לקוח
asiakas
מוצרי חלב
maitotuotteet
פירות
hedelmät
עגלת קניות
ostoskärryt

אטליז

teurastamo

מאפייה

leipomo

שקל

punnita

ירקות

kasvikset

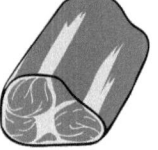

בשר

liha

מזון קפוא

pakasteet

בשר קר

leikkele

שימורים

säilykkeet

אבקת כביסה

pesujauhe

ממתקים

makeiset

מוצרי בית

kotitaloustarvikkeet

חומר ניקוי

puhdistusaineet

מוכרת

myyjä

קופה

kassa

קופאי

kassanhoitaja

רשימת קניות

ostoslista

שעות פתיחה

aukioloajat

ארנק

lompakko

כרטיס אשראי

luottokortti

תיק

kassi

שקית נילון

muovipussi

שתיות

juomat

מים

vesi

מיץ

mehu

חלב

maito

קולה

kokis

יין

viini

בירה

olut

אלכוהול

alkoholi

קקאו

kaakao

תה

tee

קפה

kahvi

אספרסו

espresso

קפוצ'ינו

cappuccino

בננה

banaani

תפוח

omena

תפוז

appelsiini

אבטיח

meloni

לימון

sitruuna

גזר

porkkana

שום

valkosipuli

במבוק

bambu

בצל

sipuli

פטריות

sieni

אגוזים

pähkinät

אטריות

spagetti

ספגטי

spagetti

אורז

riisi

סלט

salaatti

צ'יפס

ranskalaiset

צ'יפס

paistetut perunat

פיצה

pitsa

המבורגר

hampurilainen

כריך

voileipä

שניצל

leike

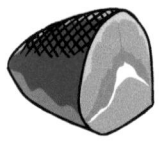

שינקין

kinkku

סלאמי

salami

נקניקיה

makkara

עוף

kana

טיגון

paisti

דג

kala

שיבולת שועל

kaurahiutaleet

מוזלי

mysli

קורנפלקס

murot

קמח

jauho

קרואסון

voisarvi

לחמנייה

sämpylä

לחם

leipä

טוסט

paahtoleipä

עוגיות

keksit

חמאה

voi

גבינה לבנה

rahka

עוגה

kakku

ביצה

kananmuna

ביצת עין

paistettu kananmuna

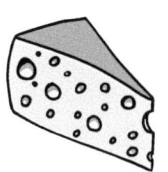

גבינה

juusto

גלידה

jäätelö

סוכר

sokeri

דבש

hunaja

ריבה

hillo

ממרח נוגט

suklaapähkinälevite

קארי

curry

חווה

maatila

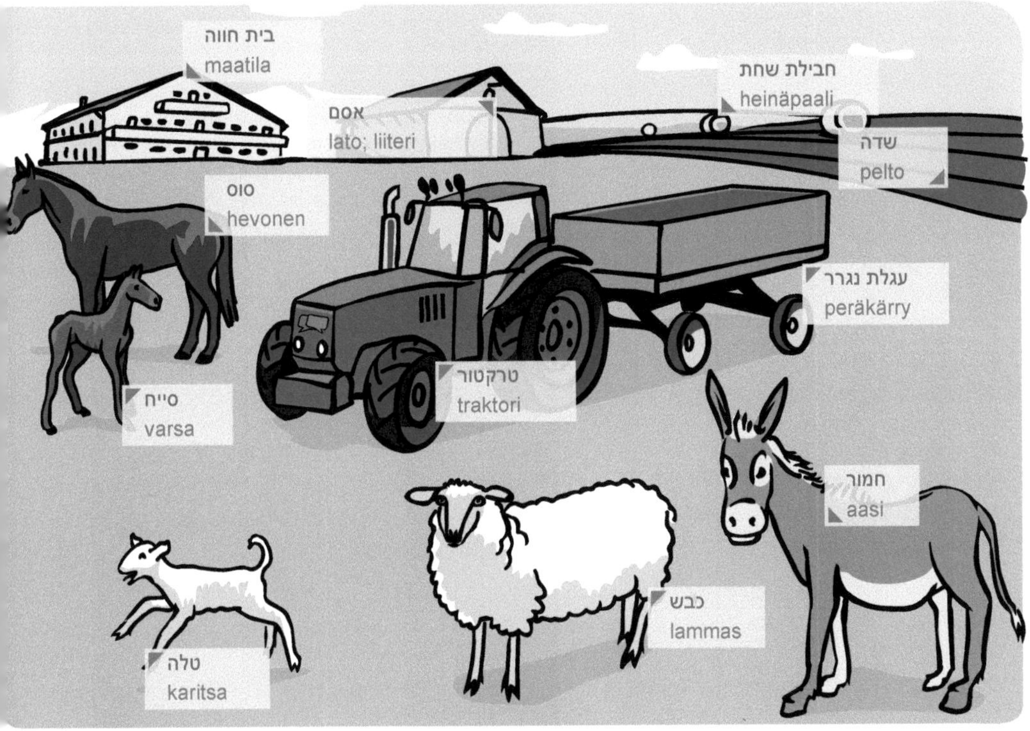

אסם
lato; liiteri
חבילת שחת
heinäpaali
שדה
pelto
סוס
hevonen
עגלת נגרר
peräkärry
סייח
varsa
טרקטור
traktori
חמור
aasi
כבש
lammas
טלה
karitsa

עז
vuohi

פרה
lehmä

עגל
vasikka

חזיר
sika

חזרזיר
porsas

שור
sonni

אווז

hanhi

ברווז

ankka

אפרוח

tipu

תרנגולת

kana

תרנגול

kukko

חולדה

rotta

חתול

kissa

עכבר

hiiri

שור

härkä

כלב

koira

מלונה

koirankoppi

צינור השקיה

puutarhaletku

קנקן מים

kastelukannu

חרמש

viikate

מחרשה

aura

מגל

sirppi

מגרפה

kuokka

קלשון

talikko

גרזן

kirves

מריצה

kottikärryt

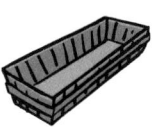

שוקת

kaukalo

כד חלב

maitokannu

שק

säkki

גדר

aita

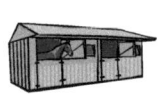

אורווה

talli

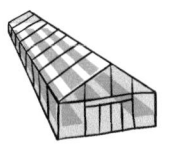

חממה

kasvihuone

אדמה

maa

זרע

siemen

דשן

lannoite

מקצרה

leikkuupuimuri

קצר

kerätä sato

קציר

sato

בטטה אפריקנית

jamssit

חיטה

vehnä

סויה

soija

תפוח אדמה

peruna

תירס

maissi

קנולה

rypsi

עץ פירות

hedelmäpuu

קסבה

maniokki

דגנים

vilja

בית

talo

ארובה
savupiippu
גג
katto
מרזב
sadevesikouru
חלון
ikkuna
פעמון
ovikello
מוסך
autotalli
דלת
ovi
פח אשפה
roska-astia
תיבת מכתבים
postilaatikko
גינה
puutarha

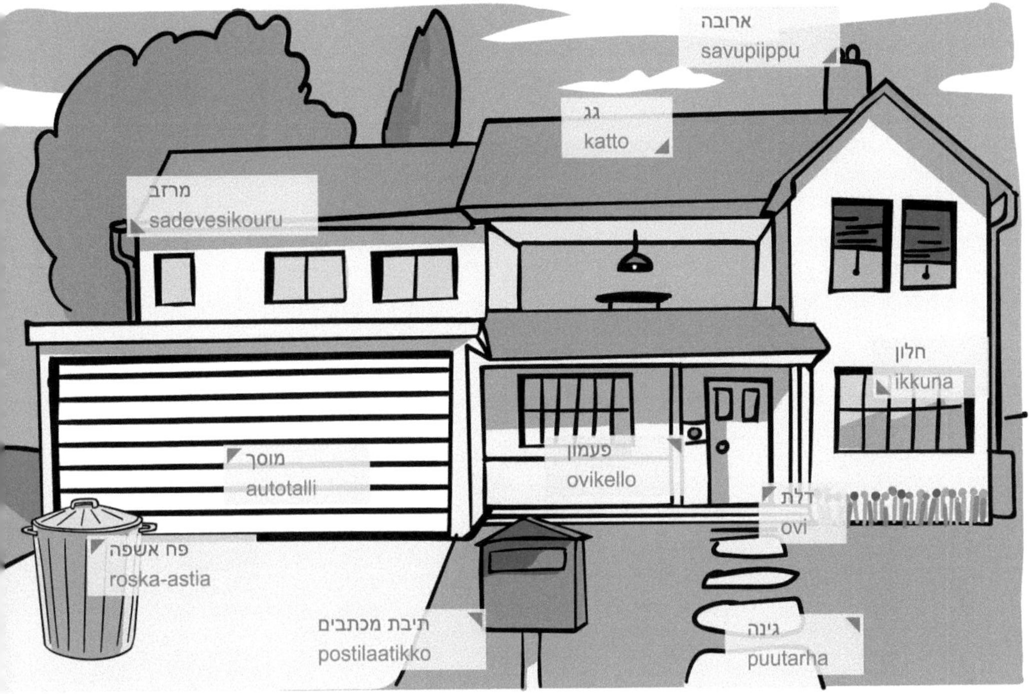

סלון
olohuone

חדר אמבטיה
kylpyhuone

מטבח
keittiö

חדר שינה
makuuhuone

חדר ילדים
lastenhuone

חדר אוכל
ruokahuone

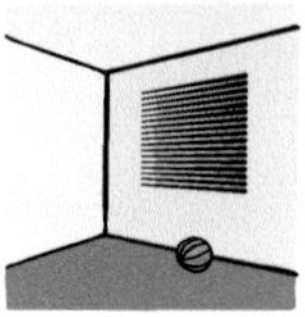

רצפה	קיר	תקרה
lattia	seinä	katto

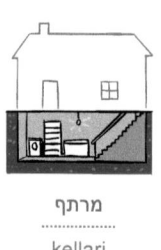

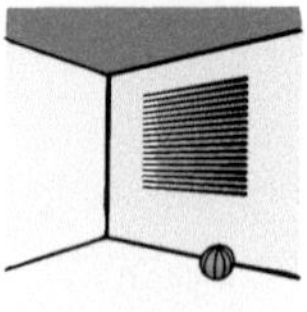

מרתף	סאונה	מרפסת
kellari	sauna	parveke

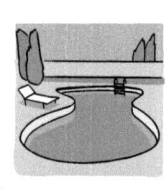

מרפסת	בריכה	מכסחת דשא
terassi	uima-allas	ruohonleikkuri

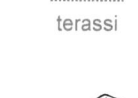

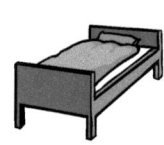

סדין	כיסוי מיטה	מיטה
lakana	päiväpeitto	sänky

מטאטא	דלי	מפסק
harja	ämpäri	katkaisin

סלון
olohuone

טפט
tapetti
תמונה
kuva
מנורה
lamppu
מדף
hylly
ארון
kaappi
טלוויזיה
televisio
אח
takka
כרית
tyyny
פרח
kukka
ספה
sohva
אגרטל
maljakko
שלט רחוק
kaukosäädin

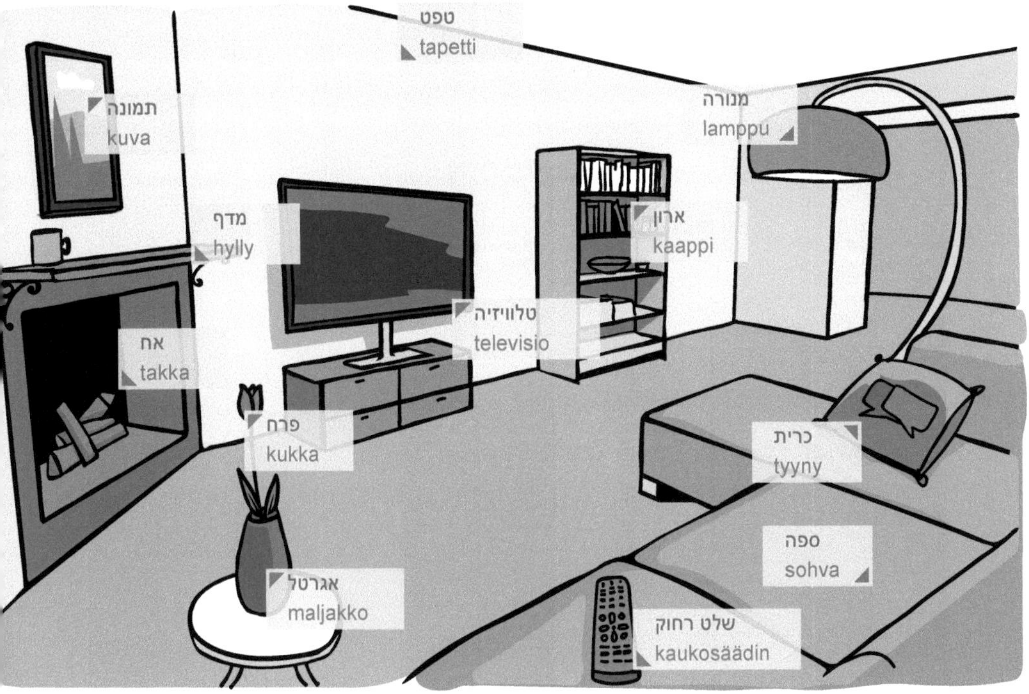

שטיח
matto

וילון
verho

שולחן
pöytä

כסא
tuoli

כיסא נדנדה
keinutuoli

כורסה
nojatuoli

ספר

kirja

שמיכה

peitto

דקורציה

koriste

עצי הסקה

polttopuut

סרט

elokuva

מערכת סטריאו

stereot

מפתח

avain

עיתון

sanomalehti

ציור

maalaus

פוסטר

juliste

רדיו

radio

מחברת

muistivihko

שואב אבק

pölynimuri

קקטוס

kaktus

נר

kynttilä

מטבח
keittiö

מקרר
jääkaappi
מיקרוגל
mikroaaltouuni
keittiövaaka
טוסטר
leivänpaahdin
חומר ניקוי
pesuaine
תנור
leivinuuni
מקפיא
pakastinlokero
פח אשפה
roska-astia
מדיח כלים
astianpesukone

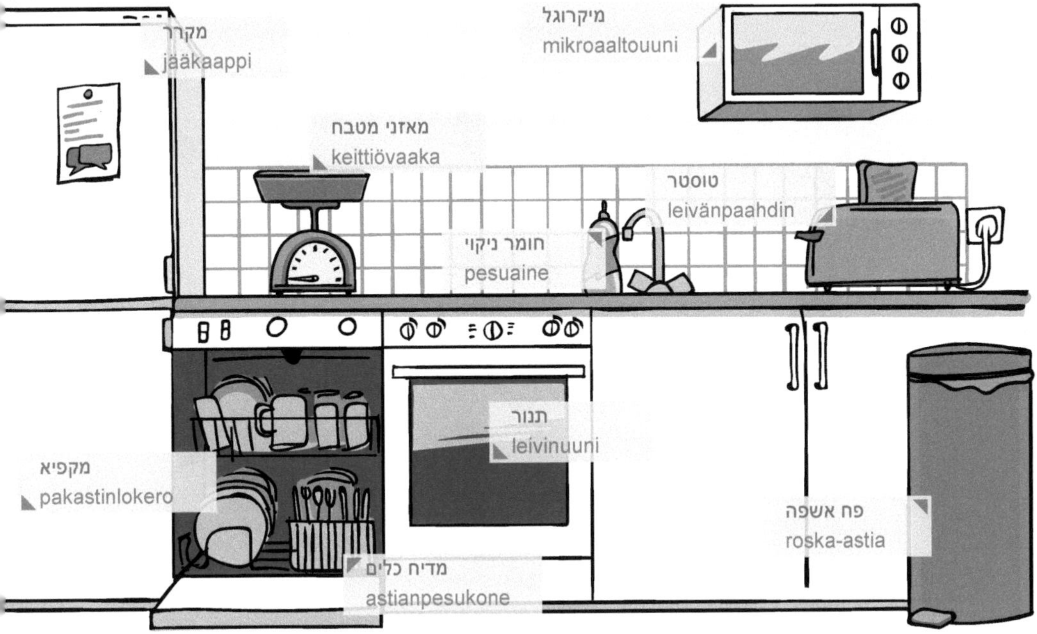

תנור
liesi

סיר
kattila

סיר ברזל
rautapata

ווק
vokkipannu / kadai-pannu

מחבת
paistinpannu

קומקום חשמלי
teepannu

מאדה

höyrykeitin

מגש אפייה

uunipelti

כלי אוכל

astiat

ספל

muki

קערה

kulho

צ'ופסטיקס

syömäpuikot

מצקת

kauha

מרית

paistinlasta

מטרפה

vispilä

מסננת בישול

siivilä

מסננת

siivilä

מגרדת

raastin

מכתש

mortteli

גריל

grilli

מדורה

avotuli

קרש חיתוך

leikkuulauta

מערוך

kaulin

פותחן פקקים

korkinavaaja

פחית

purkki

פותחן קופסאות

purkinavaaja

מטלית

pannulappu

כיור

lavuaari

מברשת

tiskiharja

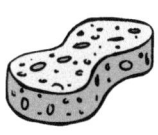

ספוג

pesusieni

בלנדר

tehosekoitin

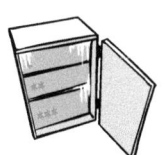

מקפיא

pakastin

בקבוק לתינוק

tuttipullo

ברז

vesihana

חדר אמבטיה
kylpyhuone

מקלחת
suihku
חימום
lämmitys
מגבת
pyyhe
וילון מקלחת
suihkuverho
אמבטיית קצף
vaahtokylpy
אמבטיה
kylpyamme
כוס
lasi
מכונת כביסה
pesukone
ברז
vesihana
אריחים
kaakelit
סיר לילה
potta
כיור
lavuaari

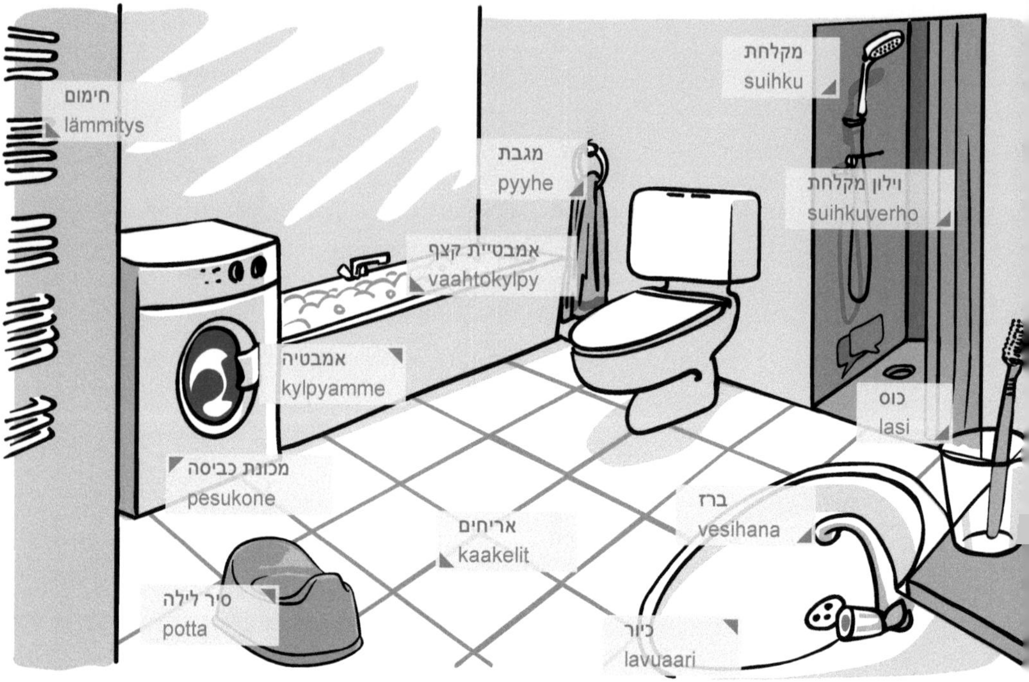

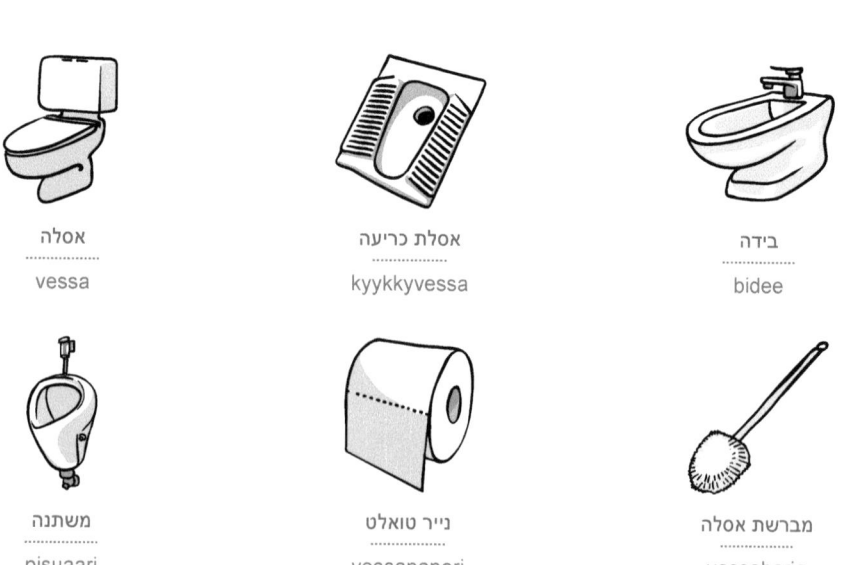

אסלה

vessa

אסלת כריעה

kyykkyvessa

בידה

bidee

משתנה

pisuaari

נייר טואלט

vessapaperi

מברשת אסלה

vessaharja

מברשת שיניים

hammasharja

משחת שיניים

hammastahna

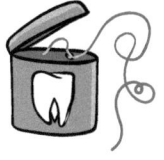

חוט דנטלי

hammaslanka

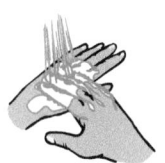

שטף

pestä

מקלחת יד

käsisuihku

צינור שטיפה לשירותים

intiimisuihku

קערת רחצה

pesuvati

מברשת גב

selkäharja

סבון

saippua

ג'ל רחצה

suihkugeeli

שמפו

shampoo

ליפה

pesulappu

ניקוז

viemäri

קרם

voide

דיאודורנט

deodorantti

מראה
peili

מראת יד
käsipeili

סכין גילוח
partaveitsi

קצף גילוח
partavaahto

אפטרשייב
partavesi

מסרק
kampa

מברשת
harja

מייבש שיעור
hiustenkuivaaja

ספריי לשיער
hiuslakka

איפור
meikki

שפתון
huulipuna

לק
kynsilakka

צמר גפן
pumpuli

מספריים לציפורניים
kynsisakset

בושם
hajuvesi

תיק כלי רחצה

kosmetiikkalaukku

שרפרף

jakkara

משקל

vaaka

חלוק רחצה

kylpytakki

כפפות גומי

kumihansikkaat

טמפון

tamponi

תחבושת סניטרית

terveysside

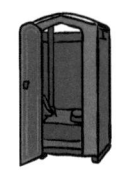

שירותים כימיקליים

kemiallinen wc

חדר ילדים
lastenhuone

שעון מעורר
herätyskello
צעצוע חיבוק
pehmolelu
מכונית צעצוע
leikkiauto
רעשן
helistin
בית בובות
nukkekoti
מתנה
lahja

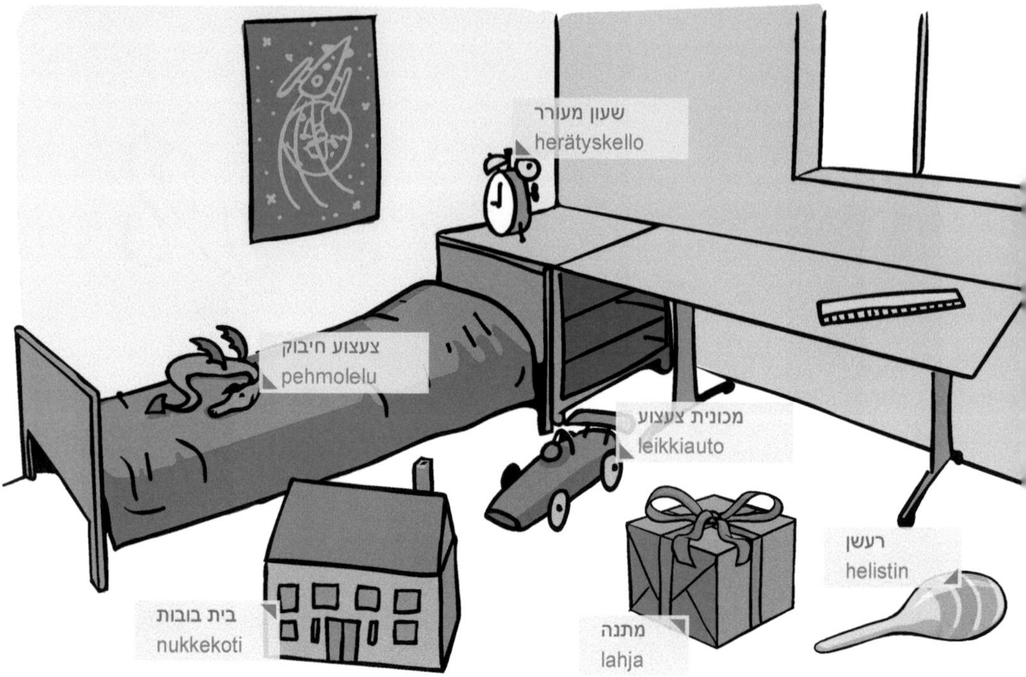

בלון
....
ilmapallo

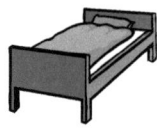

מיטה
....
sänky

עגלה
....
lastenvaunut

משחק קלפים
....
korttipeli

פאזל
....
palapeli

קומיקס
....
sarjakuva

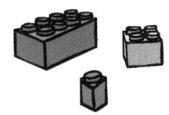

לגו

legopalikat

קוביות משחק

rakennuspalikat

דמות משחק

supersankari

סרבל תינוקות

potkupuku

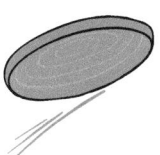

פריזבי

frisbee

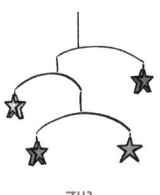

נייד

mobile

משחק לוח

lautapeli

קוביה

noppa

רכבת צעצוע

pienoisjunarata

מוצץ

tutti

מסיבה

juhlat

אלבום תמונות

kuvakirja

כדור

pallo

בובה

nukke

שיחק

leikkiä

ארגז חול

hiekkalaatikko

נדנדה

keinu

צעצועים

lelut

קונסולת משחקים

pelikonsoli

אופניים תלת גלגלי

kolmipyörä

דובון

nalle

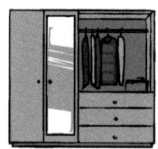

ארון בגדים

vaatekaappi

בגדים
vaatteet

גרביים

sukat

גרביונים

nylonsukat

גרביון

sukkahousut

צעיף
kaulaliina
מטריה
sateenvarjo
חולצת טי
t-paita
חגורה
vyö
מגפיים
saappaat
נעלי בית
sisätossut
נעלי ספורט
lenkkarit

סנדלים
sandaalit

נעליים
kengät

מגפי גומי
kumisaappaat

תחתונים
alushousut

חזייה
rintaliivit

וסט
aluspaita

גוף
body

מכנסיים
housut

ג'ינס
farkut

חצאית
hame

חולצה מכופתרת
pusero

חולצה
paita

אפודה
villapaita

סווצ'ר עם קפוצ'ון
collegepaita

בלייזר
jakku

ז'קט
takki

מעיל
takki

מעיל גשם
sadetakki

תלבושת
puku

שמלה
mekko

שמלת כלה
hääpuku

חליפה

puku

כותונת לילה

yöpaita

פיג'מה

pyjama

סארי

shari

מטפחת ראש

päähuivi

טורבן

turbaani

בורקה

burka

קאפטן

kaftaani

עבאיה

abaya

בגד ים

uimapuku

בגד ים

uimahousut

מכנסיים קצרים

shortsit

בגד אימון

verkkarit

סינר

esiliina

כפפות

käsineet

כפתור

nappi

משקפיים

silmälasit

צמיד יד

rannekoru

שרשרת

kaulakoru

טבעת

sormus

עגיל

korvakoru

כובע

lippalakki

קולב

ripustin

כובע

hattu

עניבה

solmio

רוכסן

vetoketju

קסדה

kypärä

כתפיות

henkselit

תלבושת בית ספר

koulupuku

מדים

univormu

מפית אוכל
ruokalappu

מוצץ
tutti

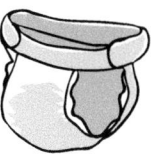

חיתול
vaippa

משרד

toimisto

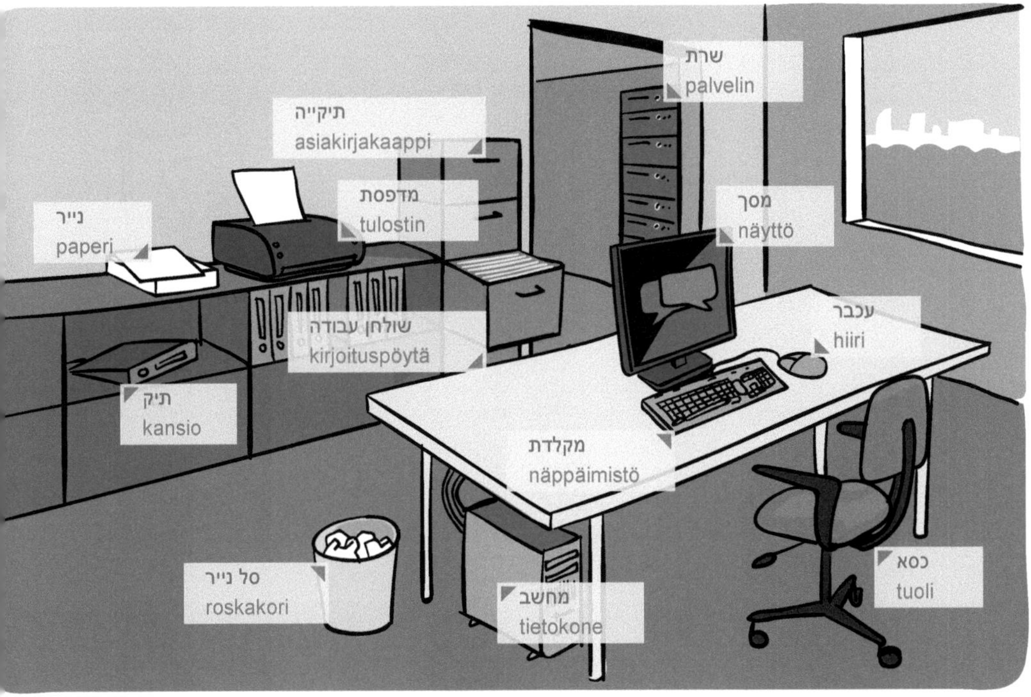

שרת
palvelin

תיקייה
asiakirjakaappi

מדפסת
tulostin

מסך
näyttö

נייר
paperi

שולחן עבודה
kirjoituspöytä

עכבר
hiiri

תיק
kansio

מקלדת
näppäimistö

סל נייר
roskakori

מחשב
tietokone

כסא
tuoli

ספל קפה
kahvimuki

מחשבון
taskulaskin

אינטרנט
internet

מחשב נייד

kannettava tietokone

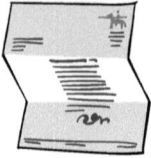

מכתב

kirje

הודעה

viesti

נייד

kännykkä

רשת

verkko

מכונת צילום

kopiokone

תוכנה

ohjelmisto

טלפון

puhelin

שקע

pistorasia

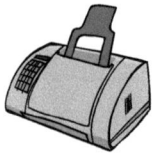

פקס

faksi

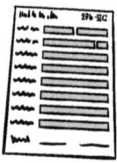

טופס

lomake

מסמך

asiakirja

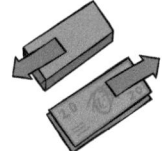

קנה

ostaa

שילם

maksaa

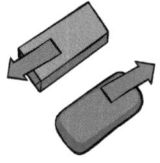

סחר

vaihtaa

כסף

raha

דולר

dollari

יורו

euro

ין

jeni

רובל

rupla

פרנק שווייצרי

frangi

יואן רנמינבי

renminbi juan

רופי

rupia

כספומט

pankkiautomaatti

המרת מטבע

rahanvaihto

זהב

kulta

כסף

hopea

נפט

öljy

אנרגיה

energia

מחיר

hinta

חוזה

sopimus

מס

vero

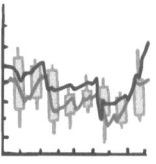

מנייה

osake

עבד

työskennellä

עובד

työntekijä

מעסיק

työnantaja

מפעל

tehdas

חנות

liike

מקצועות
ammatit

שוטר
poliisi
כבאי
palomies
טבח
kokki
רופא
lääkäri
טייס
lentäjä

גנן

puutarhuri

נגר

puuseppä

תופרת

ompelija

שופט

tuomari

כימאי

kemisti

שחקן

näyttelijä

נהג אוטובוס

linja-autonkuljettaja

נהג מונית

taksinkuljettaja

דייג

kalastaja

עובדת נקיון

siivooja

מתקן גגות

katontekijä

מלצר

tarjoilija

צייד

metsästäjä

צייר

maalari

אופה

leipuri

חשמלאי

sähköasentaja

עובד בניין

rakentaja

מהנדס

insinööri

קצב

teurastaja

אינסטלטור

putkiasentaja

דוור

postinjakaja

חייל

sotilas

אדריכל

arkkitehti

קופאי

kassanhoitaja

מוכר פרחים

floristi

ספר

kampaaja

כרטיסן

konduktööri

מכונאי

mekaanikko

קברניט

kapteeni

רופא שיניים

hammaslääkäri

מדען

tiedemies

רב

rabbi

אימאם

imaami

נזיר

munkki

כומר

pappi

כלי עבודה
työkalut

פטיש
vasara
צבת
pihdit
מברג
ruuvimeisseli
מפתח ברגים
jakoavain
פנס
taskulamppu

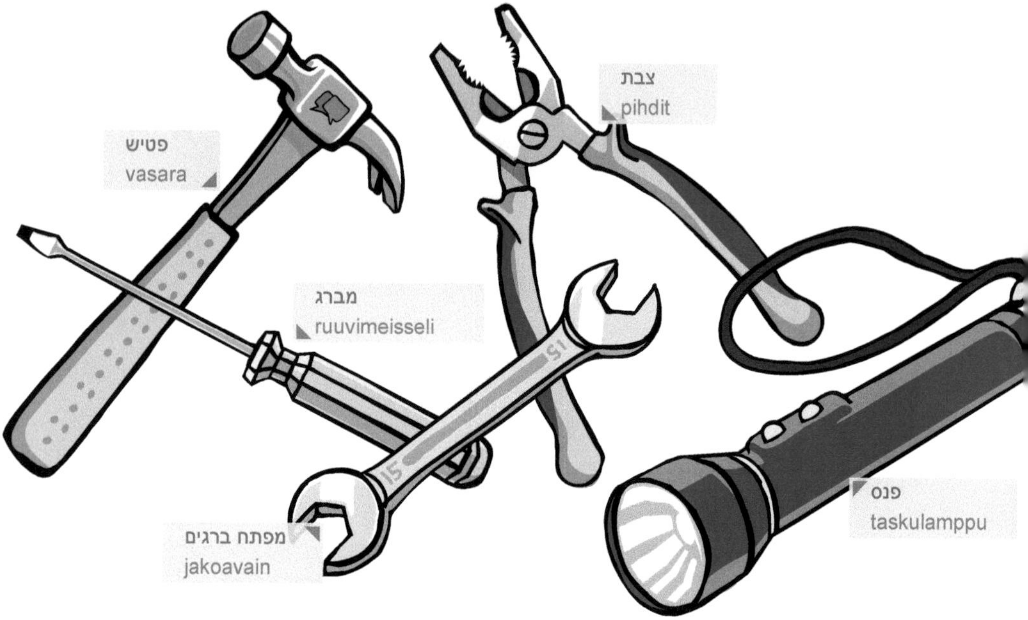

דחפור

kaivinkone

ארגז כלים

työkalupakki

סולם

tikkaat

מסור

saha

מסמרים

naulat

מקדחה

pora

תיקן

korjata

את חפירה

lapio

לעזאזל!

Hitto!

יעה

rikkalapio

פח צבע

maalipurkki

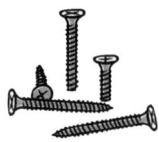

ברגים

ruuvit

כלי נגינה
soittimet

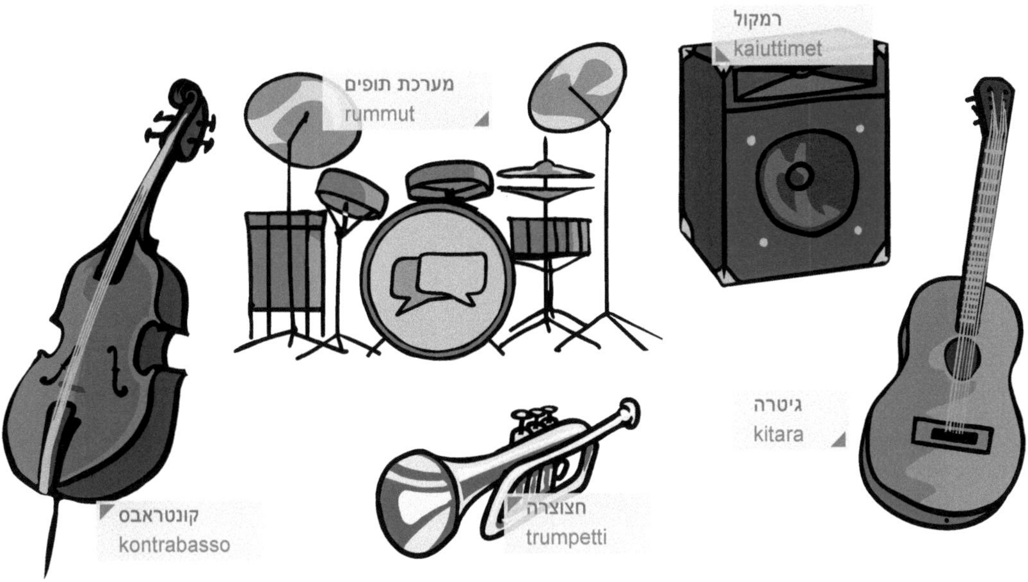

רמקול
kaiuttimet
מערכת תופים
rummut
גיטרה
kitara
חצוצרה
trumpetti
קונטראבס
kontrabasso

פסנתר

piano

כינור

viulu

בס

basso

תוף הדוד

patarummut

תופים

rumpu

מקלדת פסנתר

kosketinsoitin

סקסופון

saksofoni

חליל

huilu

מיקרופון

mikrofoni

גן חיות
eläintarha

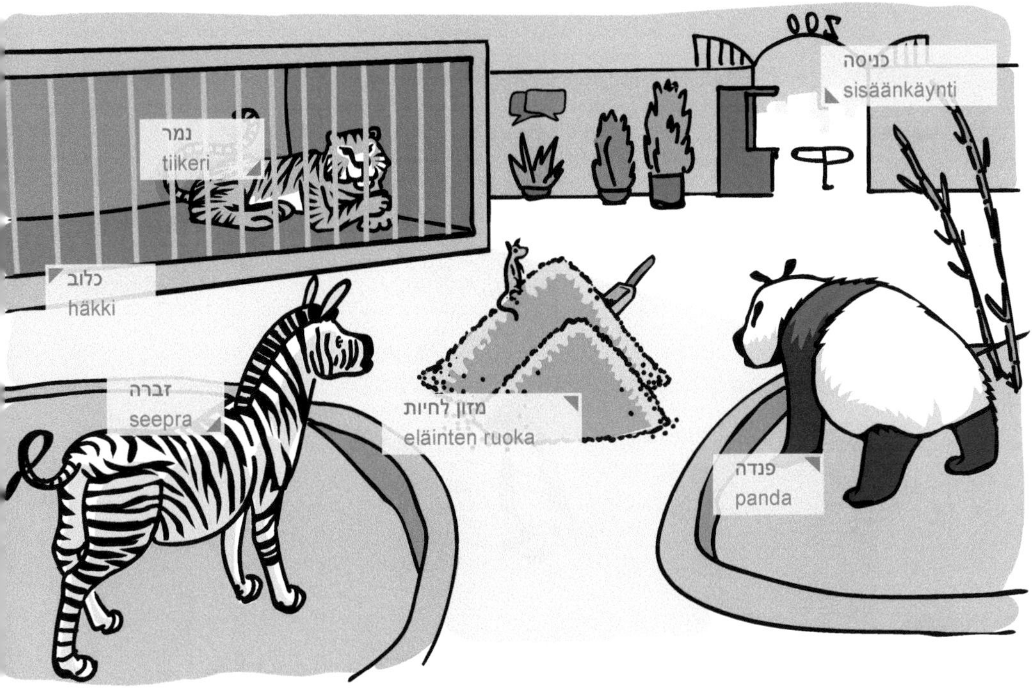

נמר
tiikeri
כניסה
sisäänkäynti
כלוב
häkki
זברה
seepra
מזון לחיות
eläinten ruoka
פנדה
panda

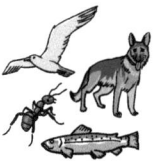

בעלי חיים

eläimet

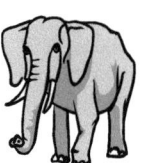

פיל

norsu

קנגרו

kenguru

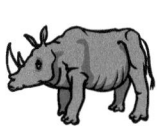

קרנף

sarvikuono

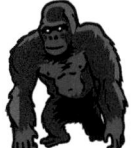

גורילה

gorilla

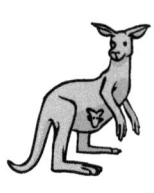

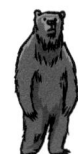

דוב

karhu

גמל

kameli

יען

strutsi

אריה

leijona

קוף

apina

פלמינגו

flamingo

תוכי

papukaija

דוב הקרח

jääkarhu

פינגווין

pingviini

כריש

hai

טווס

riikinkukko

נחש

käärme

תנין

krokotiili

שומר גן החיות

eläintarhanhoitaja

כלב ים

hylje

יגואר

jaguaari

סוס פוני

poni

לאופרד

leopardi

היפופוטאם

virtahepo

ג'ירפה

kirahvi

נשר

kotka

חזיר בר

villisika

דג

kala

צב

kilpikonna

סוס ים

mursu

שועל

kettu

איילה

gaselli

ספורט

urheilu

פוטבול אמריקאי
amerikkalainen jalkapallo
רכיבת אופניים
pyöräily
טניס
tennis
כדורסל
koripallo
שחיה
uinti
הוקי
jääkiekko
אגרוף
nyrkkeily

כדורגל

jalkapallo

בדמינטון

sulkapallo

אתלטיקה

yleisurheilu

כדור-יד

käsipallo

עשה סקי

hiihto

פולו

poolo

פעילויות
aktiviteetit

צחק
nauraa
קפץ
hypätä
חיבק
halata
הלך
kävellä
שר
laulaa
חלם
unelmoida
התפלל
rukoilla
נשק
suudella

כתב

kirjoittaa

צייר

piirtää

הראה

näyttää

דחף

painaa

נתן

antaa

לקח

ottaa

יש / להיות הבעלים

omistaa

עשה

tehdä

היה

olla

עמד

seisoa

רץ

juosta

משך

vetää

זרק

heittää

נפל

kaatua

שכב

maata

חיכה

odottaa

סחב

kantaa

ישב

istua

התלבש

pukeutua

ישן

nukkua

התעורר

herätä

הסתכל ב-

katsoa

בכה

itkeä

ליטף

silittää

סירק

kammata

דיבר

puhua

הבין

ymmärtää

שאל

kysyä

שמע

kuunnella

שתה

juoda

אכל

syödä

סידר

siivota

אהב

rakastaa

בישל

keittää

נהג

ajaa

עף

lentää

שט

purjehtia

חישב

laskea

קרא

lukea

למד

oppia

עבד

työskennellä

התחתן

mennä naimisiin

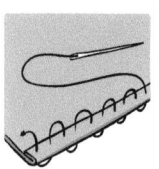

תפר

ommella

ציחצח שיניים

pestä hampaat

הרג

tappaa

עישן

tupakoida

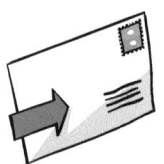

שלח

lähettää

משפחה
perhe

סבתא
mummo
סבא
ukki
אבא
isä
אימא
äiti
תינוק
vauva
בת
tytär
בן
poika

אורח
vieras

דודה
täti

דוד
setä

אח
veli

אחות
sisko

גוף

vartalo

מצח
otsa
עין
silmä
כתף
olkapää
אצבע
sormet
פנים
kasvot
סנטר
leuka
כף יד
käsi
חזה
rinta
רגל
jalka
זרוע
käsivarsi

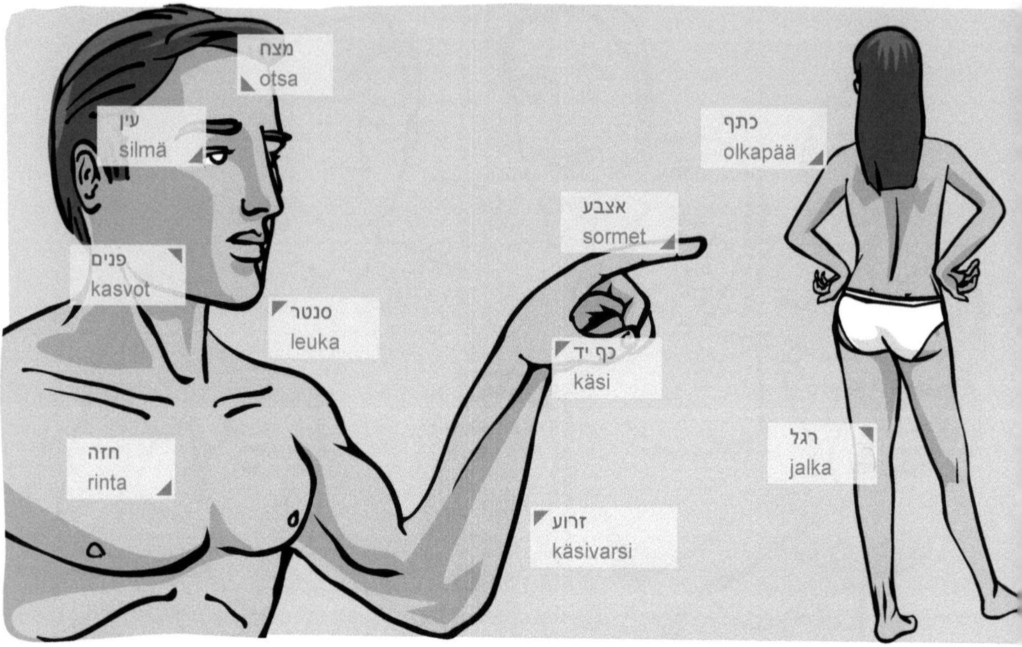

תינוק

vauva

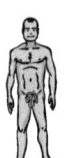

איש

mies

אישה

nainen

ילדה

tyttö

ילד

poika

ראש

pää

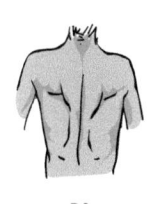

גב

selkä

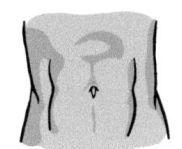

בטן

maha

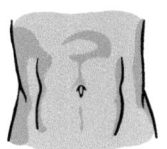

טבור

napa

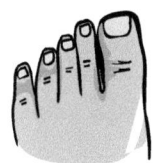

אצבע

varvas

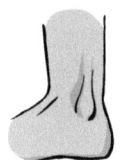

עקב

kantapää

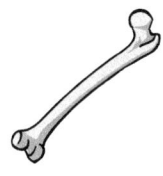

עצם

luu

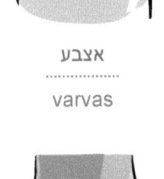

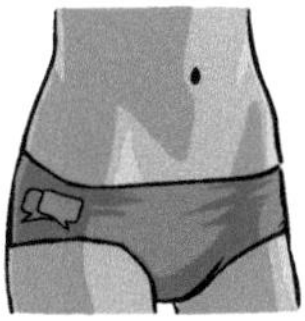

ירך

lantio

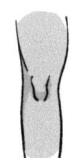

ברך

polvi

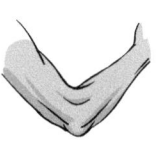

מרפק

kyynärpää

אף

nenä

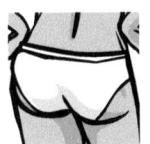

עכוז

takapuoli

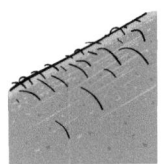

עור

iho

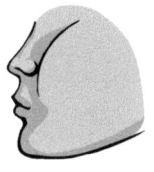

לחי

poski

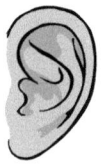

אוזן

korva

שפתיים

huuli

פה

suu

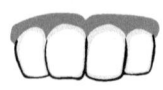

שן

hammas

לשון

kieli

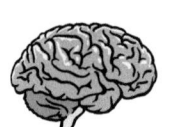

מוח

aivot

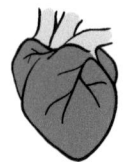

לב

sydän

שריר

lihas

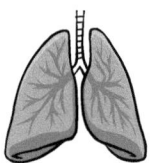

ריאה

keuhkot

כבד

maksa

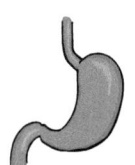

קיבה

vatsa

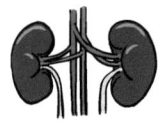

כליות

munuaiset

מין

seksi

קונדום

kondomi

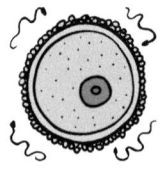

ביצית

munasolu

זרע

sperma

הריון

raskaus

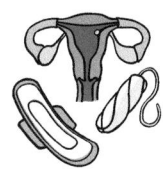

וסת

kuukautiset

נרתיק

vagina

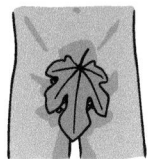

פין

penis

גבה

kulmakarvat

שיער

hiukset

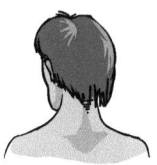

צוואר

niska

בית חולים
sairaala

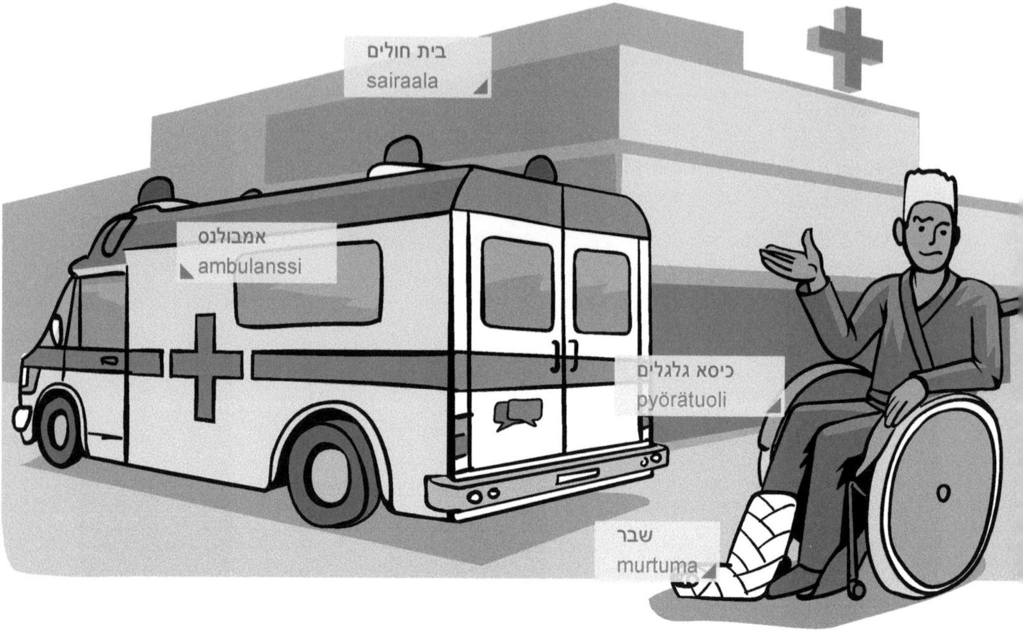

בית חולים
sairaala
אמבולנס
ambulanssi
כיסא גלגלים
pyörätuoli
שבר
murtuma

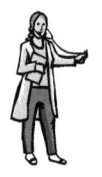

רופא
lääkäri

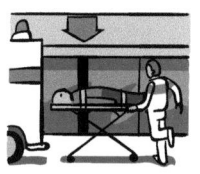

חדר מיון
ensiapu

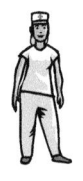

אחות
sairaanhoitaja

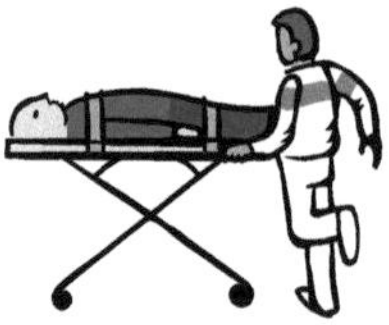

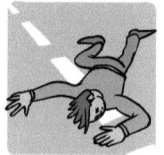

חירום
hätätilanne

חסר הכרה
tajuton

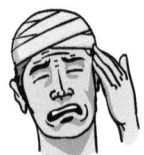

כאב
kipu

פציעה

vamma

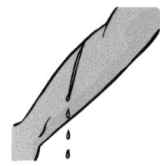

דימום

verenvuoto

התקף לב

sydänkohtaus

שבץ

aivoinfarkti

אלרגיה

allergia

שיעול

yskä

חום

kuume

שפעת

flunssa

שלשול

ripuli

כאב ראש

päänsärky

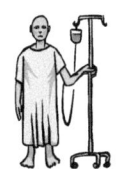

סרטן

syöpä

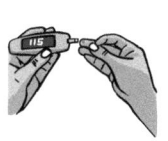

סוכרת

diabetes

מנתח

kirurgi

אזמל

veitsi

ניתוח

leikkaus

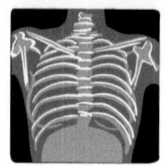

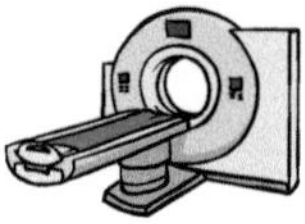

סי-טי
ct

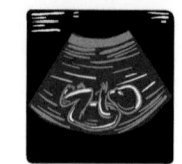

רנטגן
röntgen

אולטרסאונד
ultraääni

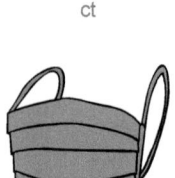

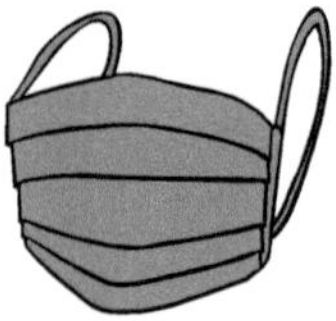

מסיכת פנים
maski

מחלה
sairaus

חדר המתנה
odotushuone

קבה
sauva

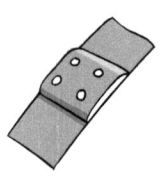

פלסטר
laastari

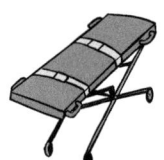

תחבושת
side

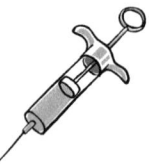

זריקה
pistos

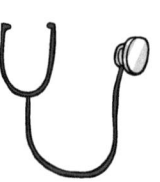

סטטוסקופ
stetoskooppi

אלונקה
paarit

מד חום
kuumemittari

לידה
syntymä

עודף משקל
ylipaino

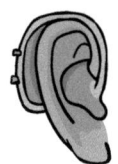

מכשיר שמיעה

kuulolaite

מחטא

desinfiointiaine

זיהום

infektio

נגיף

virus

איידס

HIV / AIDS

תרופה

lääke

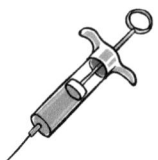

חיסון

rokotus

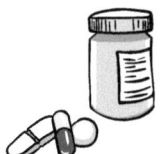

טבליות

tabletit

גלולה

pilleri

קריאת חירום

hätäpuhelu

מד לחץ דם

verenpainemittari

חולה / בריא

sairas / terve

חירום

hätätilanne

הצילו!

Apua!

אזעקה

hälytys

פשיטה

ryöstö

תקיפה

hyökkäys

סכנה

vaara

יציאת חירום

hätäuloskäynti

אש!

Tulipalo!

מטף כיבוי

palosammutin

תאונה

onnettomuus

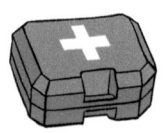

ערכת עזרה ראשונה

ensiapulaukku

הצילו!

SOS

משטרה

poliisilaitos

כדור הארץ
maa

אירופה

Eurooppa

צפון אמריקה

Pohjois-Amerikka

דרום אמריקה

Etelä-Amerikka

אפריקה

Afrikka

אסיה

Aasia

אוסטרליה

Australia

האוקיינוס האטלנטי

Atlantin valtameri

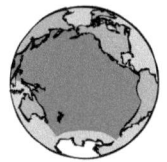

האוקיינוס השקט

Tyynimeri

האוקיינוס ההודי

Intian valtameri

האוקיינוס האנטרקטי

Eteläinen jäämeri

האוקיינוס הארקטי

Pohjoinen jäämeri

הקוטב הצפוני

pohjoisnapa

הקוטב הדרומי

etelänapa

אנטארקטיקה

Antarktis

כדור הארץ

maa

אדמה

maa

ים

meri

אי

saari

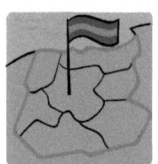

לאום

kansa

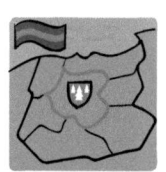

מדינה

osavaltio

שעון

kello

פני השעון

kellotaulu

מחוג השעות

tuntiviisari

מחוג הדקות

minuuttiviisari

מחוג השניות

sekuntiviisari

מה השעה?

Paljonko kello on?

יום

päivä

זמן

aika

עכשיו

nyt

שעון דיגיטלי

digitaalikello

דקה

minuutti

שעה

tunti

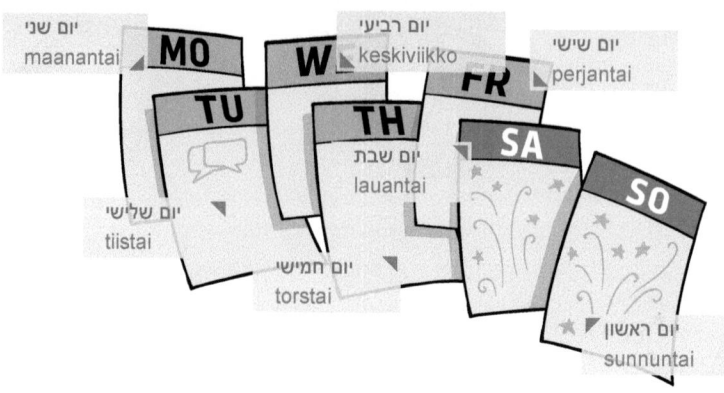

viikko

יום שני
maanantai
MO
יום רביעי
keskiviikko
W
יום שישי
perjantai
FR
TU
TH
יום שבת
lauantai
SA
יום שלישי
tiistai
יום חמישי
torstai
יום ראשון
sunnuntai

1

אתמול

eilen

2

היום

tänään

מחר

huomenna

בוקר

aamu

צהריים

keskipäivä

ערב

ilta

MO TU WE TH FR SA SU
1 2 3 4 5 6 7
8 9 10 11 12 13 14
15 16 17 18 19 20 21
22 23 24 25 26 27 28
29 30 31 1 2 3 4

ימי עבודה

työpäivät

MO TU WE TH FR SA SU
1 2 3 4 5 6 7
8 9 10 11 12 13 14
15 16 17 18 19 20 21
22 23 24 25 26 27 28
29 30 31 1 2 3 4

סוף שבוע

viikonloppu

שנה
vuosi

גשם
sade
קשת בענן
sateenkaari
רוח
tuuli
שלג
lumi
אביב
kevät
קיץ
kesä
סתיו
syksy
חורף
talvi

4.APRIL 11°
5.APRIL 4°
6.APRIL 13°
7.APRIL 8°
8.APRIL 10°

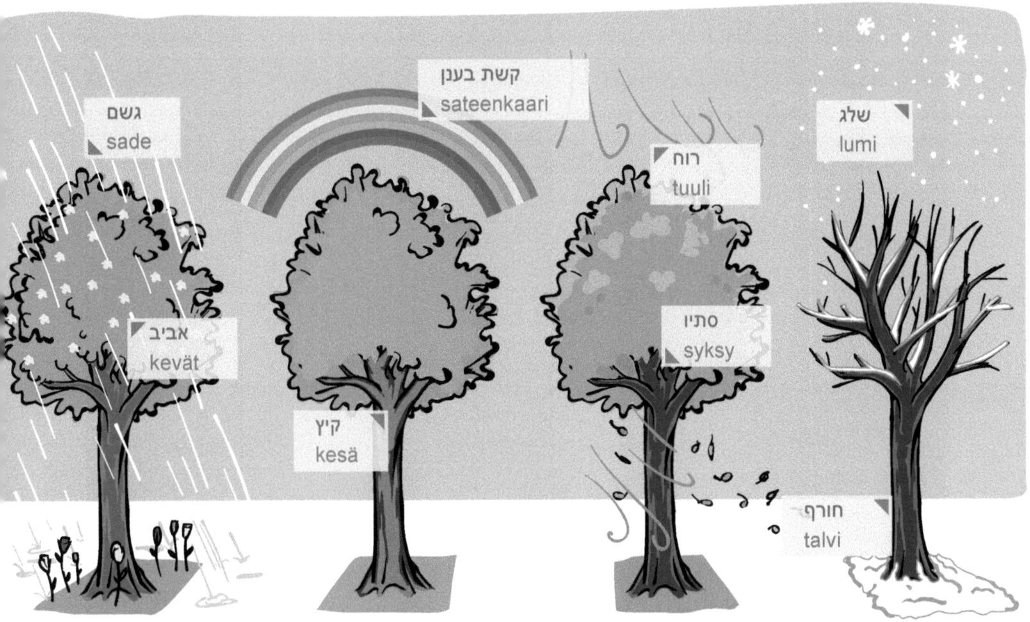

תחזית מזג האוויר
sääennuste

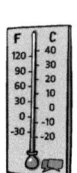

מד חום
lämpömittari

אור שמש
auringonpaiste

ענן
pilvi

ערפל
sumu

לחות
ilmankosteus

ברק

salama

רעם

ukkonen

סערה

myrsky

ברד

rae

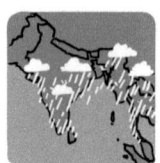

רוח עונתי

monsuuni

שיטפון

tulva

קרח

jää

ינואר

tammikuu

פברואר

helmikuu

מרץ

maaliskuu

אפריל

huhtikuu

מאי

toukokuu

יוני

kesäkuu

יולי

heinäkuu

אוגוסט

elokuu

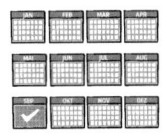

ספטמבר

syyskuu

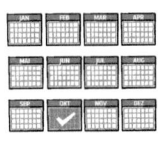

אוקטובר

lokakuu

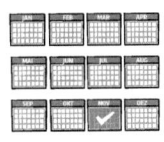

נובמבר

marraskuu

דצמבר

joulukuu

צורות

muodot

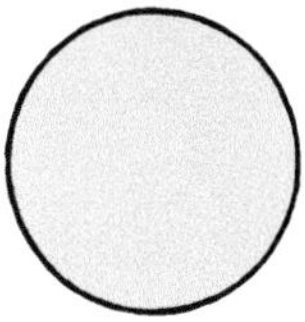

עיגול

ympyrä

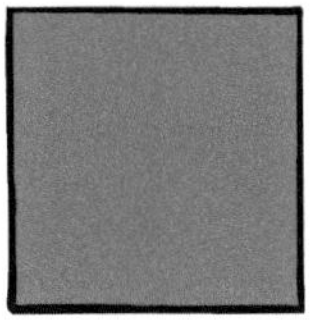

מרובע

neliö

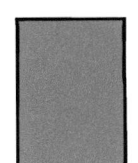

מלבן

suorakulmio

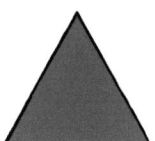

משולש

kolmio

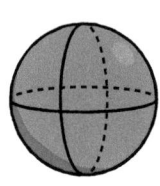

כדור

pallo

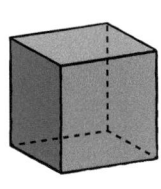

קובייה

kuutio

צבעים
värit

לבן
....
valkoinen

צהוב
....
keltainen

כתום
....
oranssi

ורוד
....
vaaleanpunainen

אדום
....
punainen

סגול
....
violetti

כחול
....
sininen

ירוק
....
vihreä

חום
....
ruskea

אפור
....
harmaa

שחור
....
musta

הפכים
vastakohdat

הרבה / מעט

paljon / vähän

כועס / רגוע

vihainen / ystävällinen

יפה / מכוער

kaunis / ruma

התחלה / סוף

alku / loppu

גדול / קטן

suuri / pieni

בהיר / כהה

vaalea / tumma

אח / אחות

veli / sisko

נקי / מלוכלך

puhdas / likainen

שלם / חלקי

täydellinen / epätäydellinen

יום /לילה

päivä / yö

מת / חי

kuollut / elävä

רחב / צר

leveä / kapea

אכיל / לא אכיל

syötävä / syömäkelvoton

רשע / טוב לב

paha / kiltti

מתרגש / משועמם

innostunut / tylsistynyt

שמן / רזה

lihava / laiha

ראשון / אחרון

ensimmäinen / viimeinen

חבר / אויב

ystävä / vihollinen

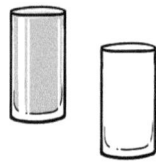

מלא / ריק

täysi / tyhjä

קשה / רך

kova / pehmeä

כבד / קל

painava / kevyt

רעב / צמא

nälkä / jano

חולה / בריא

sairas / terve

בלתי-חוקי / חוקי

laiton / laillinen

נבון / טיפש

älykäs / tyhmä

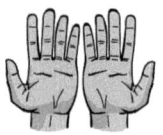

שמאל / ימין

vasen / oikea

קרוב / רחוק

lähellä / kaukana

חדש / משומש

uusi / käytetty

כלום / משהו

ei mitään / jotain

זקן / צעיר

vanha / nuori

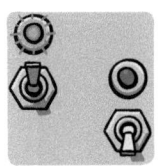

פעיל / כבוי

päällä / pois päältä

פתוח / סגור

auki / kiinni

שקט / רועש

hiljainen / äänekäs

עשיר / עני

rikas / köyhä

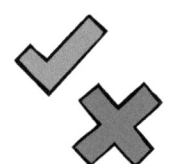

נכון / שגוי

oikein / väärin

מחוספס / חלק

karhea / sileä

עצוב / שמח

surullinen / iloinen

קצר / ארוך

lyhyt / pitkä

איטי / מהיר

hidas / nopea

רטוב / יבש

märkä / kuiva

חם / קר

lämmin / viileä

מלחמה / שלום

sota / rauha

מספרים
numerot

0

אפס

nolla

1

אחת

yksi

2

שתיים

kaksi

3

שלוש

kolme

4

ארבע

neljä

5

חמש

viisi

6

שש

kuusi

7

שבע

seitsemän

8

שמונה

kahdeksan

9

תשע

yhdeksän

10

עשר

kymmenen

11

אחת-עשרה

yksitoista

12

שתים-עשרה

kaksitoista

13

שלוש-עשרה

kolmetoista

14

ארבע-עשרה

neljätoista

15

חמש-עשרה

viisitoista

16

שש-עשרה

kuusitoista

17

שבע-עשרה

seitsemäntoista

18

שמונה-עשרה

kahdeksantoista

19

תשע-עשרה

yhdeksäntoista

20

עשרים

kaksikymmentä

100

מאה

sata

1.000

אלף

tuhat

1.000.000

מיליון

miljoona

שפות
kielet

אנגלית
englanti

אנגלית אמריקאית
amerikanenglanti

סינית מנדרינית
mandariinikiina

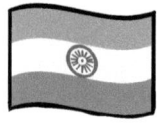

הודית
hindi

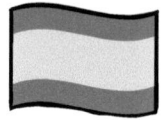

ספרדית
espanja

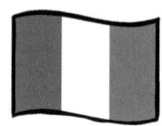

צרפתית
ranska

ערבית
arabia

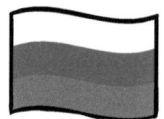

רוסית
venäjä

פורטוגזית
portugali

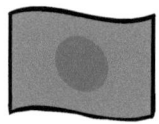

בנגלית
bengali

גרמנית
saksa

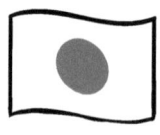

יפנית
japani

מי / מה / איך
kuka / mitä / miten

אני

minä

אתה / את

sinä

הוא / היא / זה

hän

אנחנו

me

אתם

te

הם

he

?מי

kuka?

?מה

mitä / mikä?

?איך

miten?

?איפה

missä?

?מתי

milloin?

HELLO, I AM

שם

nimi

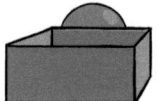

איפה
missä

מאחור

takana

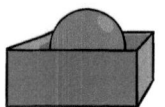

בתוך

sisällä

לפני

edessä

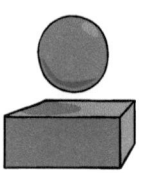

מעל

yläpuolella

על

päällä

מתחת

alapuolella

ליד

vieressä

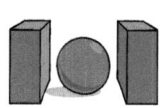

בין

välissä

מקום

paikka